Tunge digte

Kysser let

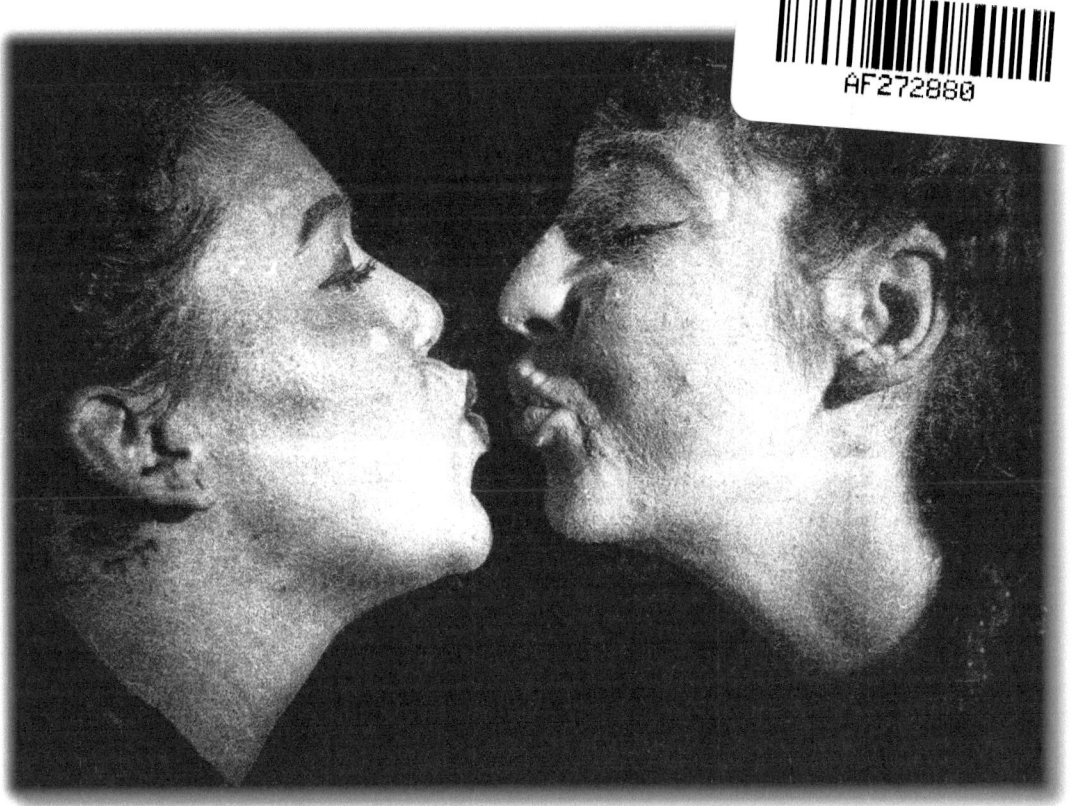

Peder Fjordvang

Tekst © Peder Fjordvang 2018

Design & foto © Peder Fjordvang

ISBN 978-87-430-0167-6

Forlag: BoD – Books on Demand, København, Danmark

Tryk: BoD – Books on Demand, Norderstedt, Tyskland

INDHOLDSFORTEGNELSE

Tanker

GLASHUS

Hviskende tanker om tryghed
pludrende kalden på Jeg
talende ord om nærvær
råbende tryglen for varme
brølende skrig af nød

Stilheden
Bagefter

Natten uden ende

Frisk velduftende sengetøj
jeg putter mig vellystig
lukker øjnene
finder hvile i sindet
og blidt omfavner nattens lyde mig
falder til ro
falder i søvn

Bzzzzzzzzzzz

Aaaargh en myg!
Vågner søvndrukken op
slår vildt ud med hænderne
fanger luft
tumler rundt
tænder lyset
der stikker rasende i øjnene
Halvblind søger jeg byttet
der er helt stille
Forsvundet
Væk

Lægger mig udmattet
døser medtaget
lytter til den fjendtlige nat
venter på rovdyrets angreb
Alle sanser på vagt
Falder alligevel i søvn

Bzzzzzzzzzzz

Nu skal den få!
Tænder lyset
misser mod det skarpe lys
slår målrettet ud
Hov der røg moster Veras vase
nå pyt så har jeg en undskyldning for den
Finder myggen
KLASK
Ha! En rød klat på væggen

Sejrsstolt lægger jeg mig
putter mig glad ind under den lune dyne
lytter med et smil til mørket
gaber og duver på vej mod søvnen
drømmene løber i forvejen
Fred på Jord

Bzzzzzzzzzzz

EFTER REGNEN

Regndråber vasker verden
Også min lille have
med store våde blomster
der skinner om kap
Og favner mig i farvernes dans

Men jeg ser dem næppe
for efter regnen
dufter haven
så forførende sært
af forrådnelse

LIV OG DØD

Der er liv
over alt
En uendelighed
af livsformer

Der er død
over alt
Endeligheden
for alle

Insomnia

Som et blad i vinden
Hvirvler mine tanker
hen over alle ting
Jeg skulle
Jeg burde
Jeg ikke kan nå

Natten synes endeløs
Som vejen forude
der skridt for skridt betrædes
af mine ømme fødder
i tanke og virkelighed
Og så er den nat gået

Hjertets stilhed

Slår mit hjerte endnu
mens livet leves andre steder
Jeg kan høre ulvene hyle
og de løber i min retning

Hvor er meningen
Er der flere veje at flygte
Tåler dagen en granskning
af ufordøjede udsagn

Jeg mærker tågen fra sletterne
i det fjerne, i det skjulte
Al ting blive anderledes
når sandheden er væk

Hvis dagenes ensomme skrig
er alt som er tilbage
så forstår jeg bedre
behovet for uendelig stilhed

OVERNATURLIGT ØJEBLIK

Jeg så et spøgelse i dag
En mørk skikkelse
strålende af nervøs ro
med dybe sørgmodige øjne
og en mund med et smertelig drag

I et lammende øjeblik
stod jeg og betragtede
til jeg endelig forstod
at det var et billede
i mit eget spejl

ÆBLEHAVEN

Længst nede i haven
hvor de voksne sjældent kommer
vokser en skov af æbletræer
her legede vi som børn

Den milde duft fra de hvide æbleblomster
bød os velkomne
og vi dansede nøgne rundt
i skjul for den brændende sol

Men når knoppene forvandledes til små æbler
og verdens kølighed trængte sig på
så kaldte de voksne på os
og vi gik ud af haven og tog tøj på

Når jeg vil væk fra verdens begrænsninger
besøger jeg atter haven
kun for kort atter at fornemme
duften af de nu lyserøde æbleblomster

UTÅLMODIG

Nu må der snart ske
noget

På den anden side af kloden
sidder mennesker
som du og jeg
lige før krigen
lige før oversvømmelsen
lige før katastrofen
og de ønsker bare
at der ingenting sker

Nu må der snart ske
noget andet

Her sidder jeg og føler
at alting er gået i stå
Jeg kommer ikke videre
svømmer mod tiden
mærker mit hjerte slå
kun for at konstatere
at der igen og igen
er gået endnu et minut

Nu må der snart ske
noget godt

Det sker hele tiden
noget dejligt for naboen
for millionæren
for show stjerner

Men mindre kan gøre det
en fremstrakt hånd
et smil der varer ved
bare så jeg mærker
at der stadig er håb

FÆLLESSKAB

Lad mig for tælle om fiskenes flugt
som svømmer i stime fra bugt til bugt
De følger hinanden
Men ved ikke
hvor de skal hen

Vi flyder på vandet i stjernestøv
som kniven er tanken fuldstændig sløv
Grænsen er vor fange
Indfald rykker
men står i spænd

Frihed forløser en stime af ord
når grænser falder på hele vor jord
Nye tanker bryder tiden
Vi står sammen
kvinder og mænd

DEN HEMMELIGE SANG

Musvitten synger
glad åbner jeg vinduet
Musvitten tier

KLODSKASSER

Mit liv er foldet i kasser
store klodsede kasser
små og elegante
hjerteformede og glemte
bløde og hårde
Alle organiske rutsjebaner
fulde af vemod, afmagt og glæde

Jeg drikker af tiden
Skåler på min mors blod
Presset ud mod lyset
Engel uden vinger
Skal jeg virkelig være her
hvor lyset bliver slukket

Genfødes fra mellemtiden
Vågner som en sommerfugl
Flakser atter mod lyset
En smuk kasse uden indhold
Det første kys er bedre
end tiden der går med at få det

Den næste kasse snærer
Følelserne tæmmes
Hovedet strammer til
Rutinerne kæmper om magten
Jeg skulle egentlig
men når det alligevel ikke

Mit liv er foldet i kasser
Jeg kan ikke se den næste
Men jeg vil ikke være her

DAG OG NAT

Når jeg åbner øjnene
brager den tunge hverdag mod mig

Når jeg lukker øjnene
vugger den lette fantasi mig i søvn

KVÆK

Oppe ved søen
er der ingen frøers sang
for det er vinter

Nede i drømmen
kvækker frøerne endnu
al den tid jeg vil

VINTERSOL

Solen hilser mig
Jeg får æg til morgenmad
med en knaldgul blomme

BLOD I MØRKE

Elefanternes snabler vugger dragende

i en frisk sø af blod

strømmende fra mig

uden antydningen af et skrig

jeg elsker dig

kold som en begravelse

hvor den døde vågner

for atter at finde hvile

du ser på derude

hvor jeg tumler

med efterårets tab

der flammer træernes blade

KÆRE BEDSTEMOR

Hendes ord passede godt
til te med rosinbrød
Men der var smurt for tykt på
og hendes daglige brød var for tørt

så jeg nippede
med en storbys ligegyldighed
til guldet blev lagt tilbage
og dirrende silhuetter
af sølvdunkle månestråler
skinnede usikkert på afskeden

og mens entreen
mærkede mine lettede skridt
steg sammenhængen frem
og gjorde nuets usagte ord
og ventende dybe oceaner
med lysets genopståen
til en støvregnet hverdag
helt uden betydning

SORT SKÆRM

Forandring fryder
Computeren er nede
Ingen forandring

HJERNEVRIDNINGER

Du tror du går

men du går ikke

du falder

Benene stopper dit fald forover

overvejer og balancerer

og du har gået dit første skridt

Du tror du forstår

men du forstår ikke

du fortolker

Hjernen ser på udtryk og indtryk

lægger egne erfaringer til

forkaster alt for fremmede tanker

og du ser sandheden i dine egne fordomme

Nu tror du vel du har fattet pointen

men du har ingenting fattet

andet end måske tanken om at fatte

Du forstår at du går rundt med fordomme

men det er et udslag af din forståelse

du fatter at du falder

FIREKANTET

Hvis uendeligheden er ▼

Og verden er ●

Hvad så med mig
der er ■

Roser

Duften fra roserne

bevæger sig hurtigere

end tanken

om deres skønhed

Livet

CHRISTIAN 2 ÅR

"Sol" råber Christian og peger

"Gul" jubler han

Så vender han sig mod bølgerne

"Stor vand" peger han og kigger spørgende

"Havet" svarer jeg kærligt

"Hav't blå" siger han stolt

Om aftenen daler solen langsomt ned

Og går til ro i det store vand

I disen forsvinder alle farverne

Men på det tidspunkt sover Christian

DØDEN PÅ MIT LOFT

Musefældens skarpe smæld

dyrets skrig i døden

øjet sitrer et sekund

blodets dryp fra snuden

Indtryk springer op

De springer på mig!

Øjeblikkets kulde

midt i livets varme

Verden er skov

Skridtene lyder knasende sprøde

på vej i skovens skjulte stilhed

mens jeg aer din lille elegante kærlighed

med mine store klodsede hænder

som dufter af vidtåbne blikke

og vildfarelser fulde af løgne

der er som drømmefangere

mellem farefulde skyggetræer

så jeg til sidst må vende om

og falde tilbage

ud over din kant

SARA-LINE HJEMME

Hendes udtryk er en visken

så svag

at den kun kan anes

mellem to hjerteslag

bag tæt lukkede øjne

Alt der kan forstås

har hun længst givet afkald på

Men hendes hud er stadig varm

som håbet i hendes blik

når hun spejder efter dig

som endnu ikke er kommet

SNEBLIND

Jeg cykler i stormen

sneen bider og pisker

og slår, slår, slår mig

med tanker så blændende

som et iskrystal i Arkangelsk

så jeg fatter alt det hvide

i et øjeblik af sanselighed

Indfald vælter over hinanden

idéer spurter og danser

og vokser, vokser, vokser

til et skrump ud i intetheden

idet jeg skrider med cyklen

og alle hvide tanker

atter bliver til sne

MOR DER AMMER

Et billede
af en mor
der ammer

Nej
Nu er det jo ikke
noget billede

Det er snarere
noget
Jeg skriver

Men alligevel
Når jeg skriver
får jeg et billede

Det er bare et billede
som jeg danner
Når jeg tænker på

Et billede
af en mor
der ammer

CIRKLER

Jeg husker dette lys
badende mig selv i tanker
som fører frem
- og tilbage

Alt bevæger sig i cirkler
jeg har oplevet dette før
mit liv gentager sig selv
som ekko

Det jeg ville den gang
er det samme som nu
kun andre rammer
En illusion

Jeg kan ikke gå tilbage
Men jeg prøver igen
Denne gang skal jeg finde
Løsningen

FORTABELSE I STRANDINGSGODS

Skeletter af dage
skeletter af nætter

Mørke nætter
duvende i ønsker
svømmende i minder
parteret af hvileløse tanker

De aller længste øjeblikke
de lyseblå og rosa
der visner i sort
og bliver til de børn
som kunne svømme
men vi mister af syne
og forvandles til
bølger mod stranden
vi kun husker for skummet

ALT ELLER INTET

Alt begynder
dagen før

Men intet
er sikkert

TRILLINGESLOTTET I KRAPATERNE

På ryggen af en svane
tumler jeg
I luften over slotte
Så fjerne og dog så nære

Dækket lyserød
af blomstrende anelser
Som er fortryllede
Ligger det første slot
I tidens skarpe drej
til pengenes guddom
hvor poptøsen synger
uforløste sange
om fryden
ved at eje

Jeg flyver hastigt
Videre
Med tanker så tunge
at hjertet skal mørkne
Over alle de fattige
som tabte
stemmen

Det andet slot
er blåt i himlen
tilbedt
for teknodromens hellige ild
og summer
af uvis aktivitet

Her er luft
begrænsning
og bitre slagsmål
som slutter alle tanker
i en ring
af kraft
men uden medfølelse

Endelig når jeg sølvslottets trygge tårne
Min svane lander lydeligt
hvor musikken nynner
højt og uhørligt
for prinser og prinsesser
som alle står og ser
på to andre slotte
i det fjerne

Sig ja

Jeg planter en blomst
som siger

Ja

til livet
på kirkegården

LIVET

Døden er målet
lys og skygger følger mig
livet er vejen

NOGET MÅ GØRES

Når sværdfiskene eksploderer
på hvert et gadehjørne
så gemmer ordene sig for sætningerne
som feje hunde i et pisket hjørne

ingen ytrer blot en stavelse
men henviser til citater og talemåder
som om rygterne kan opløfte frasagnene
til en hellig intrige

Kun et enkelt ord står op mod overmagten
kæmper sig ud af meningen
og er i stand til at stå alene på slagmarken
NEJ

Stjerneskær

Sneen knirker sprødt
jeg vandrer ud i natten
mellem sort og hvidt

ENDNU EN UGE

Da jeg med et tungt hoved
havner på mandagen
glider jeg i en hundelort
lige hen over tirsdagen
med fede bremsespor
der tungt stoppede op
på den alt for lange onsdag

Men heldigvis kommer
torsdagen mig til undsætning
kun en enkelt dag fra fredagen
som ikke føles så lang
for efter den sidste arbejdsdag
når jeg endelig frem
til begyndelsen på weekenden

FOR ENDEN AF LIVET

Døden følger altid med mig
Al dans, al sang, alt liv
det fører kun ét sted hen

Når jeg ser dit lysende smil
ved jeg allerede helt sikkert
at det er på vej til at dø

Vi kører på enkeltbillet
du kan stå af undervejs
du kan råbe, skrige og græde

Men du kan kun håbe
at nå endestationen
med bare lidt værdighed i behold

Med livets ubønhørlige insisteren
dør vi

FORVENTNINGER

Jeg vidste godt

at det var dig

før du sagde

at du var en anden

AT HUSKE

Det hurtige i tilværelsen

Bliver til langsomme minder

Det langsomme i tilværelsen

Huskes sjældent

Tiden

OS DER VENTER

Mens jeg venter på tiden
går Europa i stå
og jeg er tusinde år tilbage
i dråberne fra drypstenshulerne
med primitive menneskers
kunst er det første tegn på kultur
i Grækenland breder tanker sig
hen over Romerrigets fald
for vikinger, tyrkere og mongoler
folkevandringer og statsdannelser
til den mørke middelalder
der lyser klarest i den katolske skærsild
men fortoner sig i opdagelsesrejsende og Luther
og fabrikkernes ild, der udhamrer
det første lokomotiv
hvor gnister og røg stiger til himmels
og forvandler sig til jetflys
kondensstriber med revolution og udvikling
mens økonomien og Internettet
binder os tættere
sammen står vi
og venter på tiden

TIDEVANDE

I et splitsekund
kommer jeg fra nu
til dengang

Rejsen imellem
er hviskende tanker
som langsomt flyder sammen
og svømmer mod overfladen
i tidernes dybe vande

TIDSLOMMER

Fremtiden er spor
fra fortiden
der folder sig ud
i visheden
som spirende krystaller
i alle tider

Vi er fra dengang
nu
og fremtiden presser os
i fortidens nutid
som brød
der æltes, hæves og bages

Søde minder, nederlag og håb
blandes sammen
og vokser bagud, fremadvendt
finder et ståsted
dunkende i blodet
som uendelige melodier
der nynnes igen og igen

KRYSTALTIDER

Der er lande i tidens rand
hvor tiden går i stykker
uden urmagere
til at rette op

Hjertets længsel
barnets leg
og et smil fra en fremmed
findes kun på øer i midten

Jeg udvælger selv
mine øer i tidshavet
for at undgå strømninger
som kun skyller imod

Mørk sol

Natten
der løber tør for emner
Timer
uden sidste minut

Jeg synker dybere ned
går ud ad månestriber

Vejen er natten
og fødderne er ømme

HARMONI

Under en svalende brise
en mild aften
Skyerne driver

Aftenen fortsætter
Skyerne driver
Formerne ændres

Senere stilner vinden
Skyerne driver
En virkelig dejlig aften

TIDEVANDSDRØMME

Tiden er kun en drøm
derfor synger mine tanker
for dig
kun i mellemrummet
mellem nu, da og aldrig

SPIND

Vandfalde af tidsstrømme
er frosset til vaniljeis
og intet bevæger sig
på øjets hinde af net

jeg længes hjem
nej ikke hjem
men mod tidsløsheden
cirklen
hvor vuggende rytmer er alt

Trommerne
De dundrer sagte
ruller hertil fra det fjerne

Fra et helt symmetrisk spind
kaster edderkoppen sig pludselig ud

FORANDERLIGHEDENS BLÅ TIME

Virkeligheden flår i himlene

som passer tidens gang

Hvor blev de brændende marker med valmuer af

Hvor skarp er regnbuens skrøbelige skær

Hvor stor er det lille barn i morgen

I MORGEN BLIVER BEDRE

Følger en tanke
"I morgen er en glæde"
Trådte i en hundelort

Senere

Jeg ser på rejsebilleder
fra ene af ukendte steder
Senere når du bliver voksen
rejser vi to
lovede min tante

Må jeg få en is far
Senere grynter min far
mens han retter på hængekøjen
for at forene dagens længde
med sin egen langsommelighed

Senere vil du forstå
trøstede min kæreste
efter afskeden
var blevet for stor
og nuet helt ødelagt

Mange år efter
venter jeg stadig på
at senere vil sparke til aldrig
i en ny virkelighed

Kærlighed

I LY AF MÅNEN

Under stjerners skygge

vanilje ånder

Dufter og lever

Tusinde tanker

rejser sig sagte

Og folder lyset ud

Som sødmen af din ånde

hvisker mine øjne

Til dig—som venter

REGNBUEN GLØDER

Lad mig vække dig

til regnbuens sitren

midt på livets strand

hvor vandene skilles

Du må danse i natten

lære bålet at kende

være et med flammen

Og se branden brede sig

Vi kan vågne sammen

være lyset i mørket

Vi kan være sandet

altid på stranden

KÆRLIGHED SKAL PASSES

Og kyssene er vagt

på vej fra dine læber

Og drømmene er tabt

HVIS jeg ikke stræber

TILDÆKKET

Dine bandager

dækker for din mund

Og dine jomfruelige bryster

Aldrig er dine

åndende celler

sanset mere sexet

DEN RELATIVE TID

Dengang
var det for tidligt
NU
er det for sent

Kun tiden
imellem
spurter af sted

GLEMT

Stjerner på himlen
nogle er døde for længst
som illusionen om dig

BOOMERANG

Sig de hårde ord
og tiden vil lytte
til de vender hjem

TIDSLØSE KYS

Tiden er kun en drøm

derfor synger mine tanker

for dig

kun i mellemrummet

mellem nu, da og aldrig

FORBUDTE FØLELSER

I jeres egen verden

hvor dit blik møder hendes

i et øjeblik af væren

går dit smil mod lykken

I kærlighedens himmel

fuld af vrede og sorg

ser du på en pige

som ikke er mig

NÆRHEDENS ØJEBLIKKE

Nærhedens nærvær er

Fjernhedens fravær er

Åndedrættet langsomt ind

Blodets hvislen i mine ører

Øjets blide lukkethed

Rør ved mig

Derfor er nærheden fjernere med dig

når jeg tænker på at miste

sukker mellemtankerne

mellem dig, mig og altid

- eller aldrig

TOSOMHEDENS FÆLLESSKAB

Pyroteknikerens elegante leg med ild

rammer dit blik

De blå rosers stimulerende duft

rammer mine tanker

Jeg vil ikke, være en anden

end jeg er

Men i det underfulde spil

mellem to

synker de høje bjerge

bølger udligningens hav

og jeg skylles mod fladere bakker

Jeg insisterer

INSISTERENDE DUFTE

Blomstrende syrener
med violette dufte
der svæver med vinden
helt op i himlen
hvor skyerne danser
i takt til tanken
om alle på Jorden
som deler den samme luft
der andre steder
kan være tåget og mørk
fuld af gift og fordærv
men også fuld af penge
men uden duften
af blomstrende syrener

INSISTERENDE SOLSKIN

Solen skinner på hvide sejl

i havnens rolige

vande med både

der fortøjer for natten

når de vender tilbage

sejlende væk

fra dybets hemmeligheder

hvor drabelige blæksprutter

med krævende sugekoppe

store som buketter af dybrøde roser

lever

med fangarme

der strækker sig så langt

at de når helt ind

til kajen

hvor jeg står og ser på

det hvide, det blå og det fjerne

som kalder på mig

i brisen med den salte duft

fra havet for mine fødder

der insisterende

står tilbage

inde i skyggen

INSISTERENDE ILDEBRAND

En krydret brandmand
stor stærk og svedig
med ildens glimt
i øjet
mens han slukker min brand
som har ulmet længe
i morgenens røde gardiner
når solen får magt
og daggryets tåger
rusker
i slangernes udspyelse
af væde og damp
på mine frodige marker
med blomster til at plukke
og ømhed til at give
til brandbilens tuden
idet den for fulde drøn
kører forførende om hjørner
med min krydrede brandmand

INSISTERENDE BARNDOM

Der er en tid og et sted
sagde min kære bedstemor
med en tåre
trillende ned ad hendes kind
som en glimtende blå diamant
ud mod det mystiske
mellem hende og mig
som var overvældende stor
og på samme tid
forsvindende lille
med de første spring over dybe vande
mens nysgerrigheden beherskede mig
hvor jeg kom galt af sted
blev trøstet
fik det første kys
perler af dage
så mørke huller
og alt det der grå ind imellem
havde riddere der kæmpede for mig
tænkte helt ud til stjernerne
funklende samvær
nervepirrende forlegenhed
klippe hjerte i lyserødt

nattens trommer

og den sorte fugl

som forfulgte mig i drømme

hen over lyset

og forsvandt i glimt

idet tåren på bedstemors kind

omsider tumlede

ud i afgrundens dyb

for at opsøge

egen tid og sted

Insisterende ensomhed

Min genbo er gammel
engang oplevede hun noget
nu mindes hun

Hun fortæller om gamle indtryk
om mennesker der døde
tilbage sidder hun
og dør en smule for hver dag

Hun orker næsten ikke trappen
sidder der blot hver dag
i sin lejlighed, sit fængsel
kigger ud på vejen
håber nogen kommer forbi
tænker på sin mand
som gik i forvejen

Engang kunne hun smile
engang havde hun venner
nu har hun ventetiden
Min genbo er gammel

INSISTERENDE STRANDLIV

Byen pruster tungt
en hedebølge ruller ind
tung og klæbrig
skyller mennesker med sig
ud mod havets kølighed
der tillokkende bruser
op mod strandens fine sand
og skyller tøjet af os
så vi frie og kåde
kan kaste os i vandet
der dufter som blodet
i mine årer
som jeg sætter i robåden
og drages mod vidderne
sejlende mod horisonten
helt ud af kroppen
med sølvtråde for stævnen
og helt ind på bredden
hvor resten af byen
ser på månens drømme
i håb om nattens kærlighed
varer ved
mens byen pruster tungt

INSISTERENDE BLINDHED

Kom tag min hånd
lad os svæve som en brise
ind over vores by
på en lun sommerdag
til en sodavand i parken
og affaldet
som vokser op af jorden
placerer sig selv
på de forunderligste steder

bliver nærværende
efter hærgende fodboldfans
bøllevold og fulderikker
river ned, knuser, flænser
til de helt almindelige og anonyme
der kyler et skod
dropper papir og så et til

fødderne vader i affald

så solen skinner falmende

med tandlægeborets pinagtighed

lokker ad mørke tåger

pirrer til dårlig samvittighed

og overalt

de lukkede øjne

så du trøstende

må tage min hånd

INSISTERENDE STORBY

Asfalten dirrer
i solens varmedis
og alle menneskene
haster forsigtigt
over torvet
hvor jeg sidder og drikker latte
på en lille fransk cafe

Pludselig falder jeg
ind mod mig selv
men når at fange mig
i det øjeblik
alle de gående står bomstille
i groteske skridt mod ingensteder
med mapper og indkøbsposer
intetheden malet i øjnene

Grå mænd og kvinder
på vej mod toget
fanget af pligt og nødvendighed
og glemte børn
der livfulde river sig løs
fra skældende forældre
og nysgerrige
kigger på mig

Med et sæt
er jeg på vej
med en kop kaffe ved læberne
der lydeligt suges ind
for at jeg kan være sikker på
også at være en del af noget
her hvor asfalten dirrer

INSISTERENDE BILLEDER

Kragers hæse skrigen
til mulernes hvæsende partering
af halvtfordærvet hø
som rasende falder
iblandet fråde
fra Apokalypsens syv heste
mens de med vanviddet i de dundrende hove
jagter mig hen over stinkende moser
mod sletterne foran min barndoms landsby
der med århundreders tålmodighed
hviler i skyggerne fra sine forfædre
og tilbyder fred og sikkerhed
for hver en rejsende

men idet jeg når byens torv
er middagsheden alt for stille
så begynder blodet
klæbrigt, kvalmende og råbende på død
at springe ud af døre, vinduer ja selv mure
og nu springer fremmede soldater ud
fra alle byens åbninger
med geværer og voldsomme råb

mens de lemlæster, ødelægger og skyder

krænker børn og kvinder

og vender sig anklagende mod mig

med hadets dumhed lysende i øjnene

og jeg flygter

soldater og marodører

mod det seneste sikre sted

vælger det uundgåelige

styrter mig i den navnløse afgrund

holdende mig for øre og øjne

for ikke at fatte grusomhederne

omfattet af angstens klamme sved

til dødens klokker

der kimer højere end flere Eiffeltårne

mens bunden hvirvler op mod mig

med mine tavse bønner

og lander omsider med et lydeligt bump

på gulvet ved siden af min seng

til vækkeurets insisteren

og udenfor mit vindue

kragernes hæse skrigen

Latinsk nødvendighed

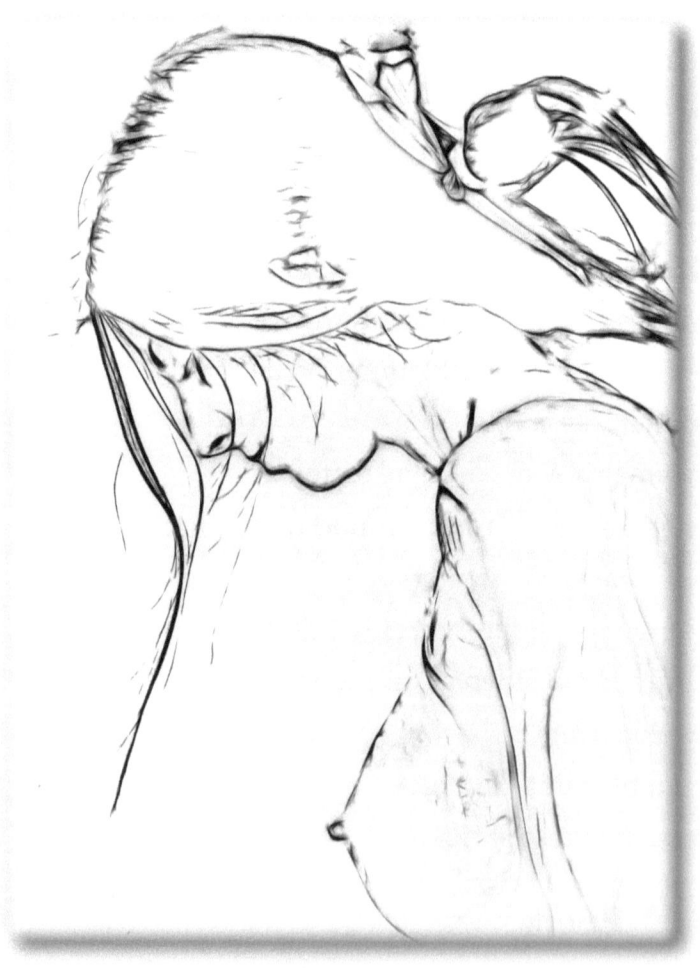

INTER COR ET NIHIL

Jeg kan huske

døden skar mit inderste ud

og genfødselens øjeblikke

Jeg kan huske

kærlighedens tomrum

blev til englevingers susen

Jeg kan huske

landene i mit hjerte

blev forenede og frie

Men jeg glemmer

i tidens overvældende regnbuer

- at huske

IRA MELODIAM

Sanser ovenover skyerne

Hvor himlen åbner sig

og den verden er fjern

hvor du vildt dirrende

sutter vredens chokolade

fra dine mundvige

Ned gennem disen

Strækker jeg min hånd

Og lader den nynne

Kærlige melodier

langs din ryg og nakke

"Det er uretfærdigt" hvæser du

Lag for lag klæder jeg dig af

trækker dig op over skyerne

og når det bliver aften

vil stjernerne skinne koldt og klart

Så vi sammen kan lytte

til vredens iltre symfoni

CENSUR

Nej! Jeg forstår slet intet

Der er ikke noget at forstå

Jeg VIL ikke forstå

Hvis jeg først begynder at forstå

så vil det forståeligt nok

føre til at jeg forstår mere

og det går slet ikke

Der er trods alt nogle ting

man ikke skal forstå

for hvis du først forstår

bliver du medskyldig

i en forståelse

som er helt uforståelig

Sotto voce

Lad mig dele mine skrig med dig

kaste jorden op, op

helt op i himlen

så jeg kan plante frø

i dine luftige tanker

Lad mig mærke dig

med ordets skarpe klinge

op, op igennem kroppen

til al blodet sprøjter

ud af dine ører

ved stødet af mit sværd

ILLUMINATA

Tungere og tungere skridt

træernes ensomhed

lyse farver toner væk

Tankens stilhed

Kalder igen og igen

på dig

Din latter og din hånd i min

Du kysser blomsters rødder

mens mørket danser

tættere og tættere

Mine knæ synker mod jorden

som lyden af et suk

Reflekser af lys

på min våde kind

lys, der fødes af lys

Udfoldes som en stjerne

VIVA

Bygger veje til himlen

hudløs ærlighed

lyn mod jorden

Komposterer hadet

kærlighedens blinde kraft

Når alt andet svigter

ORA

Skyer sejler med tiden

rolige eksplosioner

over et dyrkbart land

Pløjer kvindens marker

GRATIA

Sanselige kærtegn

en mis, der spinder

Lyde fra en afgrund

kanoner, der buldrer

Forpufningens endeløse klang

Noctum

Strunke portrætter

fulde af tørst

Berømmelsens reflekser

At være på, lige nu

i orgastiske kramper

Fortabelsen taber igen

ADOLESCERE

Drikker af din harme

Komme helt derud

hvor hånden løftes

som et susende slag

At være til stede

i fortrydelsen

som er fremmed

selv for en selv

Og vi forvandler alt

til et varmt nærvær

i forskrækkelse

over forbudte tanker

INFEROS

Den sorte asfalt

er mørk af vrede

når du bestiger den

med trodsige skridt

Så intense syder vore blikke

uden sult og begær

kun med syngende cirkler

fulde af selvstændighed

Nu kan alting ske

hvor mine blå øjne

slår smut på vandet i dine

med dråber af dunkle kærtegn

VERUSFILI

Dryppen af blomster

lugten af klor

sveden af fisk

Kaotiske tanker

I fabrikkens ildelugt

halter en gammel kvinde

med en frisk blomst

koket bag øret

Fatamorgana

Sepulcrum

Jeg besøger min søns grav

vejret er gråt og trist

Den afpillede plæne afslører

hvor nye urner hviler

Tanken er støv

Så trænger solen igennem

Fugle bryder ud i sang

Blomsterne lyser op i græsset

mens lyset falder på nye kranse

der spiller blødt med jordens farver

Tanken er himmel

Eller husker jeg forkert

Var det lige omvendt?

HOMINES AQUAE

Jeg går i tidevandet

med min far

der blander blod

med solnedgangen

Støvet hvirvler op fra landet

Og sætter sig som en hinde

på alt det min far ser

Men han føler sig frem

Vi trækker sko og strømper af

Lader vandet omslutte vores tæer

Snart brænder solen til aske

Men først om milliarder af år

NUNC AGERE

Tilgivelse er vejen til håb

Håb er forudsætningen for liv

Liv kan kun eksistere med døden

Døden er den sidste tanke før graven

Graven giver ingen tilgivelse

Om forfatteren

LAD MIG RØRE DIG

Sprogets usynlige blomster
sætter utænkelige frø
som flyver frie i vinden
spirer i mørket
vokser i lyset
for atter at tage form
i en hel ny væren

Og måske
går du en dag forbi
for at høre
for at se
for at føle
eller blot at bemærke
at der stadig er andre tanker
og du lader mine ord
røre ved dig

ALT HVAD JEG KAN

Jeg kunne vandre på jorden
med udsigt til grandiose landskaber
blandt bjerge og dales utæmmede vildskab

Jeg kunne dykke i dybet
blandt pragtfarvede fisk
i havets og bølgernes vuggende harmoni

Jeg kunne varmes i voldsomme vulkaner
stirre ned i glødende lava
og mærke flammernes lysende ilterhed

Jeg kunne flyve oppe blandt skyer
mærke vindens susen
spille uhørte dragende melodier

Men i stedet ligger jeg i min seng
og nøjes med at digte
for dig

DET FØRSTE OG SIDSTE DIGT

Vær ikke bekymret
det skal nok gå
- ad Helvede til

når anmelderens skarpe pen
stikkes ind i genialiteten
og jeg hyler som en stukket
naiv digterspire
der ved
at lige præcist DETTE
vil være den afgørende forskel

Skriv bedre digte

- lyrikkens virkemidler

Forfatter: **Peder Fjordvang** med hjælp
fra Abalie A´s digte

ISBN-13: 9788771143522

203 sider

En nyskabende og spændende guide til
alle forfattere eller fortolkere af
moderne digte.

Her er DEN inspirerende opslags- og
håndbog om virkemidler i digte, hvad
enten du er begynder eller erfaren ud i
digtekunsten.

Aase Susanne Andersen

-Humoristiske digte fra landet

Forfatter: **Fjordvang, Peder**

Paperback
120 Sider
ISBN 978-87-430-0140-9

Dette er en brag af en bog fra forfatteren bag bogen "Skriv bedre digte".

Her er sjove, finurlige og filosofiske tanker. Det hele gennemsyret med en god portion humor. Her leger vi med ord og tanker og begreber.
Tankemylderet har fuld fart på på, så du får god plads til overraskelser og dejlige smil på læben.

3 akter

Medforfatter: **Peder Fjordvang**

ISBN-13: 9788771143409

59 sider

Vi er digtegruppen "3 Akter"

Vi er erotikken og kærligheden

Vi er de flammende og askegrå ord

Vi er den danske digtnings vrede konsensus

– vidt forskellige, men alligevel ens

Oplevelser på Sydøen i New Zealand

- Se nuttede pingviner, oplev åndeløse panoramaer og hør cikader i urskove

Forfatter: **Peder Fjordvang**
ISBN-13:   9788771886528

335 sider

Kom med på en spændende rejse til Sydøen i New Zealand. Mød sæler, oplev massere af storslåede panoramaer, hør cikader i urskove, find ro på gyldne strande og kom med på mange vandreture i Sydøens pragtfulde natur.
Bogen er en spændende rejseguide for en lille familie med mange fotos.

Magical and enchanting photo collages

- Strong colors create strong emotions

Forfatter: **Peder Fjordvang**

ISBN-13:   9788743000280

44 sider

Denne bog er en præsentation af fotografen Peder Fjordvang's fotokollager.

Egne fotos sættes sammen og forvandles til magiske kollager med inspiration hentet fra surrealisme, symbolisme og et stænk af ekspressionisme.

Altid med farverne i centrum.